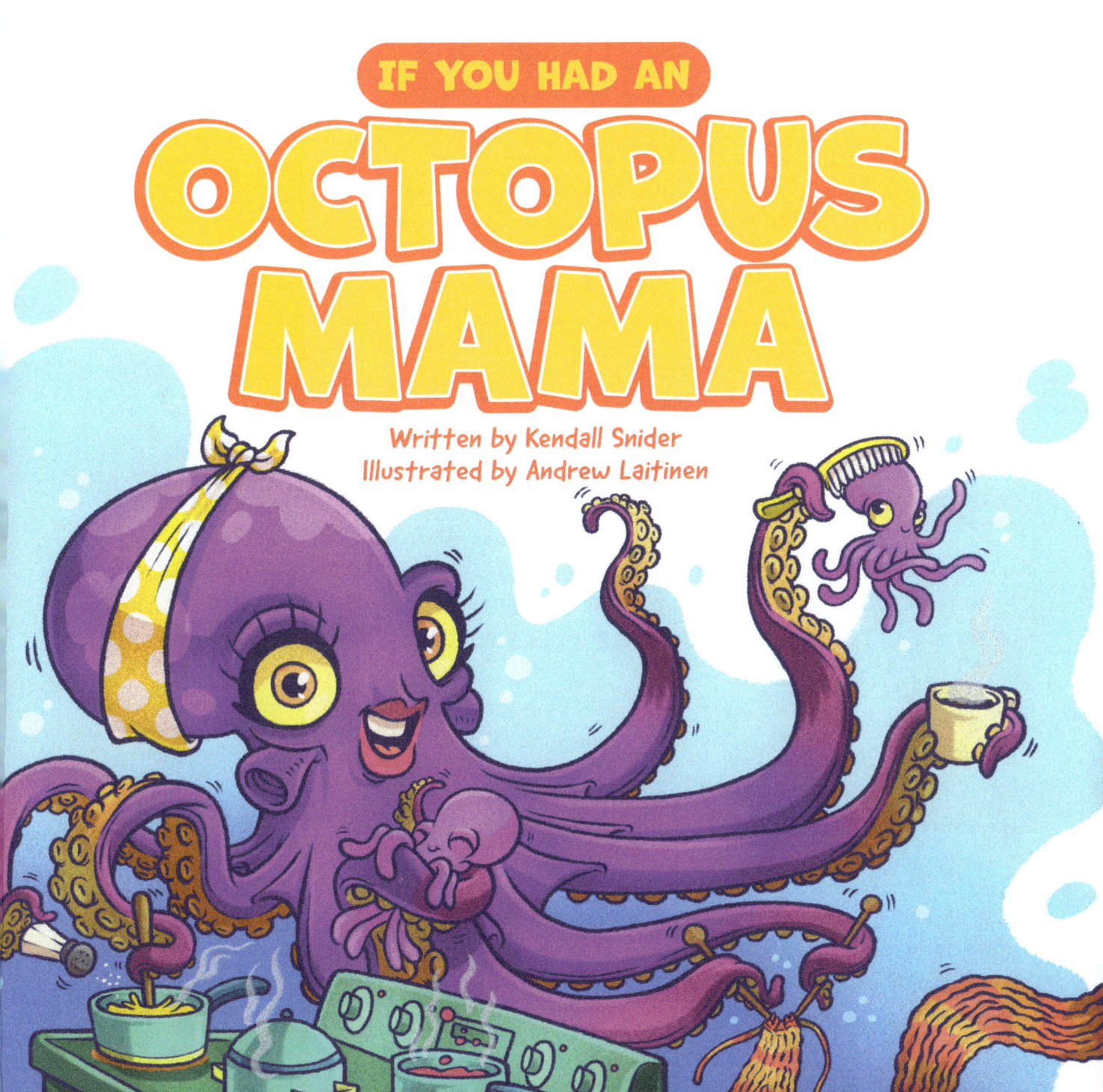

If You Had an Octopus Mama

Copyright © 2021 by Kendall Snider
Illustrations by Andrew Laitinen

Published by Lucid Books in Houston, TX
www.lucidbookspublishing.com

All rights reserved. No part of this publication may be reproduced, stored in a retrieval system, or transmitted in any form by any means, electronic, mechanical, photocopy, recording, or otherwise, without the prior permission of the publisher, except as provided for by USA copyright law.

eISBN: 978-1-63296-435-9
PB: ISBN: 978-1-63296-433-5
HB: ISBN: 978-1-63296-434-2

Special Sales: Most Lucid Books titles are available in special quantity discounts. Custom imprinting or excerpting can also be done to fit special needs. For standard bulk orders, go to www.lucidbooksbulk.com. For specialty press or large orders, contact Lucid Books at books@lucidbookspublishing.com.

For Gideon and Elizabeth,
thank you for loving me as I am.

If you had an octopus mama
With eight long arms to spare,
   She could hold you while still cooking dinner,
   All while brushing your sister's long hair.

She would sweep up the crumbs round the table,
Chop up apples for you to crunch,
Reach to give baby her bottle,
And wash all the dishes from lunch.

He would ooh over each of your cartwheels
And aah over every handstand.

With pride he would watch your brother play ball.
To not miss a moment is grand!

If you had a kangaroo mama
With a handy front pouch to share,
She would save every rock that delights you
And always have fruit snacks to spare.

Extra books, cars, and markers? Let's bring them!
Along with some stickers for fun!
Whatever you find that you'd like her to hold,
Her pouch carries for daughter and son.

If you had a hoot owl daddy
Who'd stay wide awake through the night,
You'd know he was near to calm any fear
And chase away dreams causing fright.

But I am simply your parent
Without arms or eyes to spare.
It's not always easy since I can't do it all,
But I still try to show that I care.

I happily hold you with both of my arms
And chase you on both of my feet.
I daily meet your bright eyes with mine;
You help make our family complete.

No, I don't have extra hands or feet
(Those things would be helpful, indeed!)
To help you grow and to care for you, child,
I trust God will provide what I need.

God's arms are ready to hold you;
His eyes never turn from your face.
God allows me to mirror His goodness to you,
But my love cannot take His place.

So next time you wish things were different,
Remember what I know to be true:
The way God designed you will always be perfect
To do all He made you to do.

Kendall Snider lives in Chattanooga, Tennessee, with her husband, Adam, and two children, Gideon and Elizabeth. She taught high school English for six years before being promoted to the role of stay-at-home mom. She loves baking pies, trekking the national parks with her family, and making up silly songs for her kids.

Printed in the USA
CPSIA information can be obtained
at www.ICGtesting.com
LVHW071946261023
761269LV00013B/1

¡Estela, grita muy fuerte!

¡Estela, grita muy fuerte!

Bel Olid
Ilustraciones de Martina Vanda

*A mis hijos,
para que aprendan a gritar cuando lo necesiten.*

*A mi madre,
para que aprenda a escucharme cuando grito.*

Bel

A mi madre

Martina

A Estela le gustan muchas cosas. Le gusta jugar con el agua en la bañera e imaginar que es un delfín pequeño, pequeñísimo, que se mete de un brinco por la llave del agua y corre por todas las tuberías de la casa. Pero cuando su papá, que está lavando los platos en la cocina, abre el grifo del fregadero, el delfín tiene que volver a convertirse en Estela para no caerse dentro de la sartén sucia que tiene entre las manos su papá.

También le gusta jugar con sus amigos en la escuela. Ella tiene muchos amigos: Guille, Bruna, Blai, Ana, María... Pero su amiga, su mejor amiga, es Lucía. Con Lucía puede jugar a un millón de cosas, lástima que tenga tan mal genio.

El otro día, por ejemplo, a la hora de la lectura, Estela escogió un libro precioso con peces fantásticos de colores lila, que es su color preferido, y Lucía se enfadó porque ella también quería leerlo y empezó a pellizcarla en los brazos y las piernas. Estela, que no sabía qué hacer, se puso a llorar bajito y se imaginó que era un pájaro de color naranja que volaba muy arriba, arriba, y que subía hasta

el techo para que ya no la pellizcaran más.

Cuando Estela dejó de notar las uñas afiladas de Lucía abrió los ojos y se miró las manos; quería ver si se habían convertido en alas, saber si al final había logrado transformarse en pájaro y escapar. Pero no, era la maestra Conchita que las había separado y regañaba a Lucía por su mal carácter incontrolable.

—Pero Estela, cariño, ¿por qué no has dicho nada? Te dejó llena de marcas...
—Es que... no sabía qué hacer.

Estela se encoge de hombros y mira a Lucía, que ya tiene cara de arrepentida.

—¿Verdad que no te gusta que te peguen? —le pregunta Conchita, y Estela dice que "no" con la cabeza—. Pues cuando alguien te haga algo que no te guste tienes que decirle que pare. Y si no para, entonces **gritas** muy fuerte hasta que vengan a ayudarte. No debes dejar que te hagan daño.

—Y tú, Lucía, aprende a pedir las cosas. No puede ser que por culpa de tu mal genio le hagas daño a tu mejor amiga. Anda, dale un beso y pídele perdón a Estela.

A Estela le gusta su pelo oscuro y larguísimo. A veces se imagina que su cabello es un vestido mágico que la protege del mundo y la hace más fuerte. Pero cuando su madre la peina después de bañarse, ella se da cuenta de que, en realidad, sólo es pelo y que cuesta mucho desenredarlo. Sus padres siempre le dicen que si se queja se lo cortarán, por eso ella nunca dice nada. Pero esta mañana, cuando su mamá le estiró el pelo con el peine, Estela pensó en lo que Conchita le había aconsejado y dijo:

—Mamá, ¿me puedes peinar más suave? Es que me duele.

Mamá se sorprendió un poco, porque Estela nunca se había quejado, pero le dio un beso y le contestó:

—Claro, mi niña, lo haré con más cuidado. Si vuelvo a hacerte daño me avisas, ¿de acuerdo?

Estela está contentísima. ¡El truco de Conchita funciona!

Otra cosa que le fascina a Estela es ir a comer espagueti con queso a casa de los abuelos los domingos, porque su abuela siempre le hace su plato preferido. En cambio, en su casa, sus padres no tienen tiempo de pasarse tanto rato en la cocina.

Hasta hace poco, también le gustaba jugar con el tío Anselmo, que le hacía juegos de magia con las cartas y le contaba cuentos divertidos, pero últimamente ha empezado a hacer cosas raras y ya no le gusta nada. La encierra con él en la habitación mientras los mayores hablan en el comedor, le quita la ropa y le hace unas cosquillas muy raras por todo el cuerpo, incluso por sitios tan escondidos que ni siquiera ella conoce.

Cuando le pasa eso, ella se imagina que es una nube de azúcar que se escapa por la ventana y vuela sobre el mar, que un viento muy suave la empuja otra vez hacia su casa y que entra por el balcón del comedor, y allí se convierte en una gotita de lluvia que cae sobre la mejilla de mamá y le da un beso muy dulce.

La primera vez que el tío Anselmo lo hizo, ella le preguntó por qué le quitaba la ropa, él le dijo que porque era su sobrina preferida y que la quería mucho, y que ese juego era el más secreto de todos. Como Estela era la sobrina a quien más quería, debía hacerle caso y guardarle el secreto.

Estela no acababa de entender aquel juego tan desagradable, porque se supone que los juegos tienen que ser divertidos, pero no quería que el tío Anselmo se enfadara por su culpa, así que mejor se callaba y se aguantaba.

Pero hoy, cuando su tío empieza a tocarla por todo el cuerpo, Estela nota cómo el asco y la vergüenza la recorre de pies a cabeza y recuerda otra vez el consejo de Conchita y cómo mamá le hizo caso cuando la peinaba, entonces le dice:

—Tío Anselmo, lo que me haces no me gusta nada. ¡Déjame en paz!

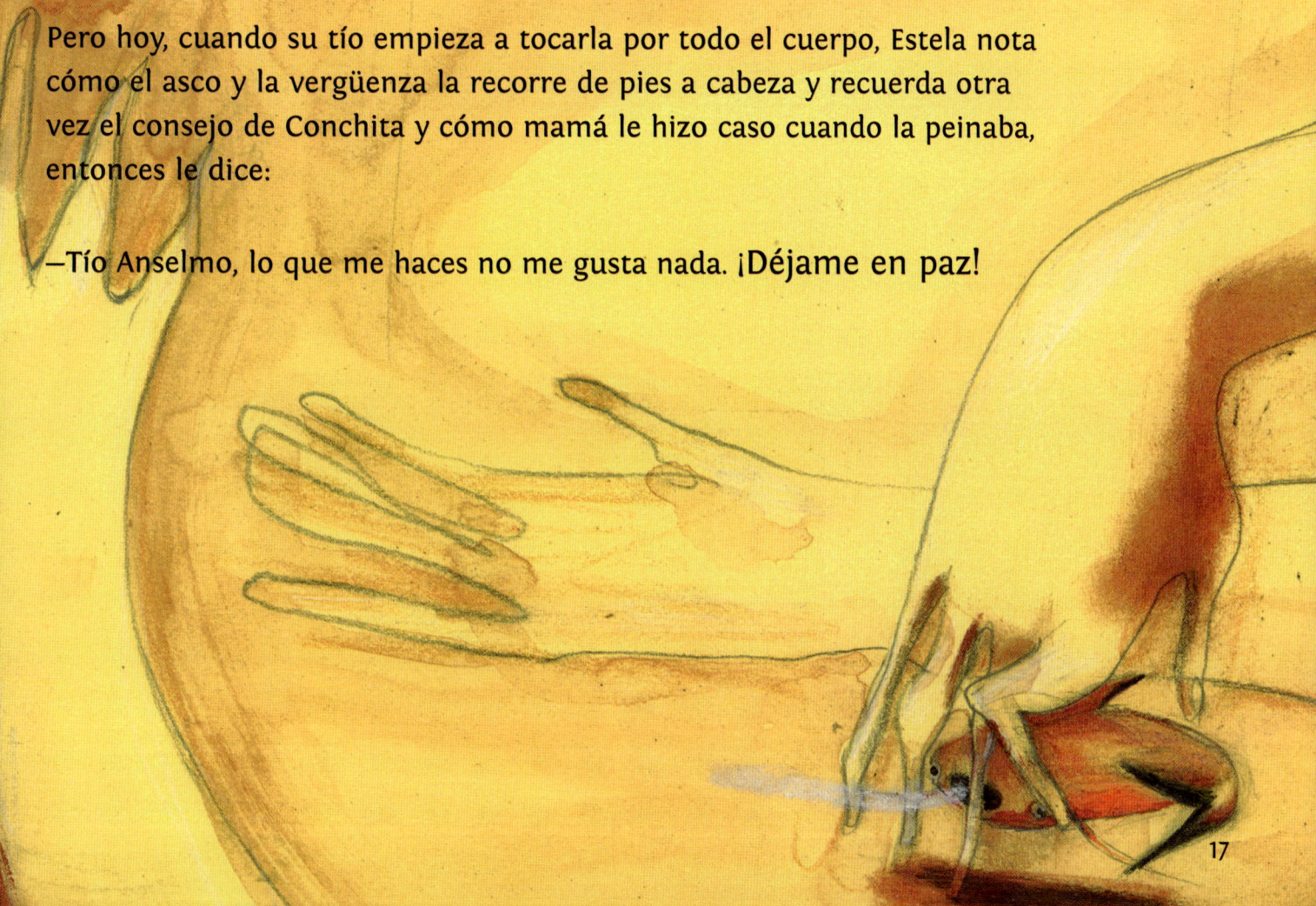

El tío Anselmo no le hace caso y Estela nota cómo
desde dentro le sale un **grito enorme**.
Un **grito** tan fuerte que se escapa por la ventana
y viaja mar adentro, resuena por China y por Australia,
y se unen los pingüinos del Polo Sur y las jirafas de África.
Y entonces toda ella se convierte en el grito,
y siente cómo tiemblan las hojas de los árboles de la selva,
cómo los caracoles esconden los cuernos,
cómo los perros corren a esconderse debajo de las camas
y todas las nubes se ponen a llover.

En ese momento el tío Anselmo le arregla el vestido con rapidez y aparecen por la puerta mamá y papá, los abuelos, la tía Carla y el tío Jaime y hasta la prima Miriam.
—¿Qué pasó? —preguntan todos a la vez.
El tío Anselmo, que de golpe se puso pálido como la leche, dice:
—No, nada, estábamos jugando.

Estela lo mira y dice:
—Sí, pero a un juego que no me gusta nada.
Y Estela corre hacia mamá, que la abraza y le da un beso muy tierno.
Estela tiene muchas cosas que contarle a su mamá, pero lo hará mañana.
Hoy sólo tiene ganas de abrazarla.

¡Estela, grita muy fuerte!
Bel Olid y Martina Vanda
24 pp., 210 x 210 mm
ISBN 978-84-16470-10-5

© Fineo Editorial, S.L., 2021
www.editorialfineo.com
Madrid, España

Título original en catalán: *Crida ben fort, Estela!*
© Bel Olid, por el texto, 2008
© Martina Vanda, por las ilustraciones, 2008
© Por la traducción, Joanaina Font y Bel Olid, 2008

Maquetación de cubierta e interiores: Eduardo Garza
Diseño de portada: Martina Vanda

Primera edición: 2008
Quinta reimpresión: 2021

Queda prohibida, sin la autorización por escrito de los titulares del *copyright*, bajo las sanciones establecidas por la ley, la reproducción total o parcial de este libro, por cualquier medio o procedimiento, incluyendo la reprografía y el tratamiento informático.

Esta edición de:
¡Estela, grita muy fuerte!
de Bel Olid y Martina Vanda
se imprimió en México, en el año 2021.
www.editorialfineo.com

Le sugerimos revise nuestra guía, dirigida a padres y profesores, "Acciones para proteger a nuestros niños" parte del programa educativo de prevención de abuso sexual infantil que se puede implementar en las escuelas.

Si está interesado en implementar el programa en su escuela escríbanos a *educacion@editorialfineo.com*

Descarga la guía para padres y profesores
Acciones para proteger a nuestros niños

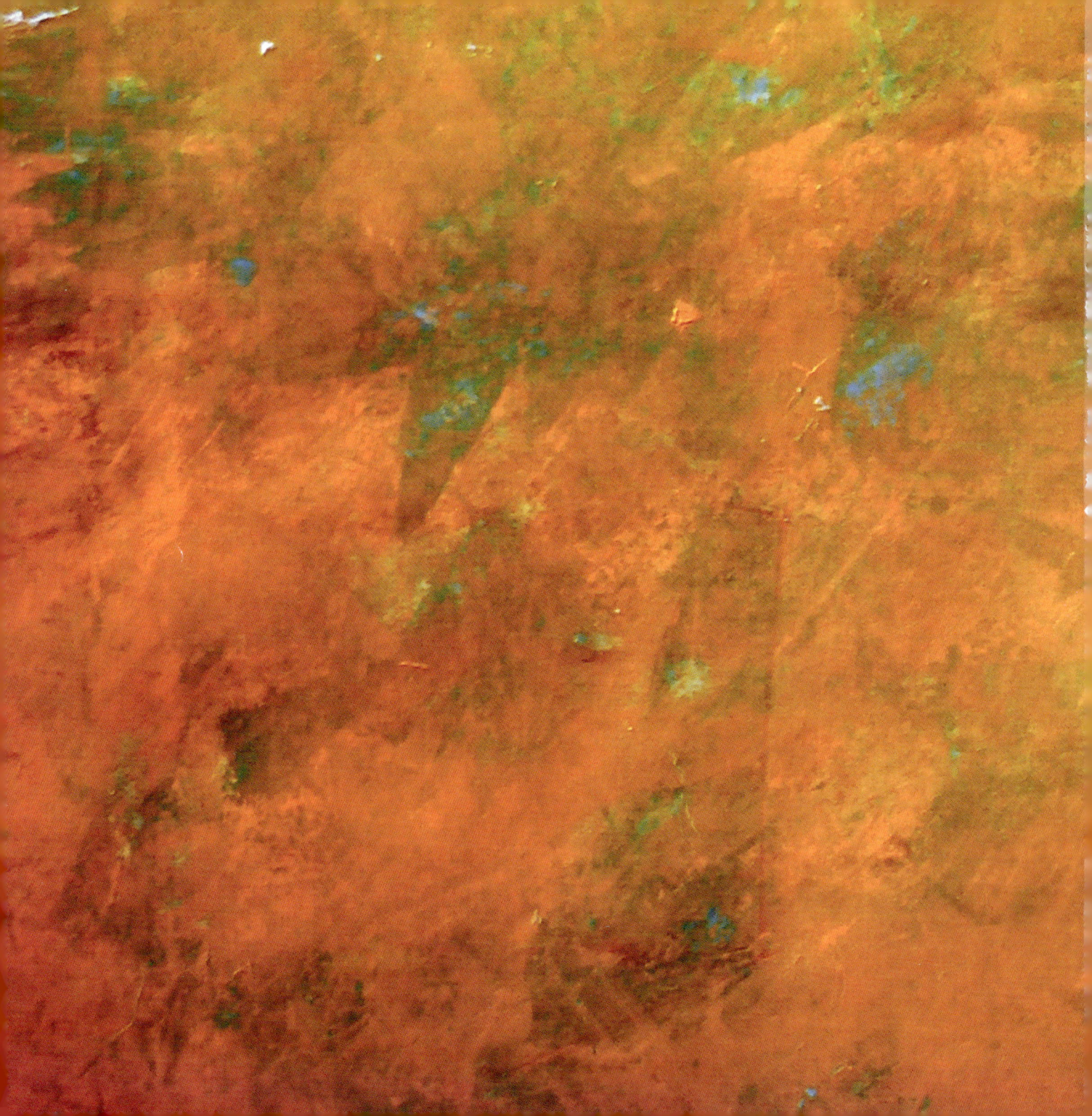